J.K. ROWLING'S
Wizarding World™

AS ARTES DAS TREVAS

UM SCRAPBOOK DO FILME

Tradução de Daniel Austie

1ª edição

Galera

RIO DE JANEIRO
2017

An Insight Editions Book

Uma introdução às Artes das Trevas . . . 6

Harry Potter

Bruxos das Trevas . . . 10
Magia das Trevas . . . 16
Artefatos das Trevas . . . 20
Criaturas das Trevas . . . 22
Defesa Contra as Artes das Trevas . . . 26
As forças de combate . . . 32

Animais fantásticos e onde habitam

Congresso Mágico dos Estados Unidos da América . . . 38
Novos heróis . . . 40
Novas ameaças . . . 42

UMA INTRODUÇÃO ÀS ARTES DAS TREVAS

Feitiços que podem desarmar ou estuporar bruxas e bruxos, ou pendurá-los no ar, totalmente impotentes; criaturas tão perigosas que até mesmo olhar de relance em sua direção petrifica sua presa; maldições que controlam, torturam ou até mesmo matam as vítimas, magia considerada tão imperdoável que garante ao bruxo malfeitor uma passagem só de ida para uma prisão guardada por seres sugadores de almas; poções venenosas, terríveis encantamentos e comerciantes suspeitos, que vendem artefatos das trevas amaldiçoados... ou coisa pior. Esses são apenas alguns exemplos de Artes das Trevas já vistas e combatidas no mundo bruxo.

Na Grã-Bretanha moderna, há um bruxo tão vil em sua prática de Artes das Trevas que seu nome, se chegar a ser pronunciado, torna-se apenas um sussurro. Lord Voldemort, visto nos filmes de Harry Potter, recruta criaturas das trevas e faz uso de feitiços e maldições, além de comandar um exército de seguidores — conhecidos como Comensais da Morte — enquanto planeja destruir o único obstáculo na jornada rumo ao poder absoluto sobre o mundo bruxo: Harry Potter, o menino que sobreviveu.

Animais Fantásticos e Onde Habitam se passa décadas antes de conhecermos Harry Potter. Os bruxos americanos vivem há anos sob o Estatuto de Sigilo, uma lei criada após os Julgamentos das Bruxas de Salem para proteger sua existência do mundo dos sem magia (os Não-Majs). Newt Scamander, um bruxo que estudou em Hogwarts, chega a Nova York em 1926 com uma maleta cheia de criaturas mágicas. Mas, durante uma confusão em um banco, Newt a perde e algumas dessas criaturas escapam, causando grandes problemas para os Aurores e burocratas do Congresso Mágico dos Estados Unidos da América (o MACUSA).

Ao mesmo tempo, um grupo de Não-Majs conhecido como Segundos Salemianos está em ascensão, a fidelidade do Diretor de Segurança Mágica do MACUSA é questionada e uma estranha e violenta força das trevas aterroriza a cidade. Tudo isso ameaça expor completamente a comunidade bruxa. Muitas vezes, profundos segredos podem gerar consequências malignas.

Harry não faz ideia de que é um bruxo até receber sua carta de admissão para a Escola de Magia e Bruxaria de Hogwarts. Felizmente, a escola oferece aulas de Feitiços, Poções e, a matéria mais importante, Defesa Contra as Artes das Trevas, na qual os alunos aprendem táticas de defesa e proteção contra magias traiçoeiras e criaturas ameaçadoras. Harry encontra forças de resistência em professores e outros personagens que se dedicam a combater o Lorde das Trevas, assim como amigos que se unem para lutar ao lado do garoto.

Harry Potter™

O mundo mágico dos filmes de Harry Potter está tomado por Forças das Trevas: criaturas, artefatos, bruxas e bruxos malignos. Antes que a história de *Harry Potter e a Pedra Filosofal* tenha início, a comunidade bruxa ainda vive com medo de um dos mais cruéis bruxos das trevas, Lord Voldemort. Seus apoiadores, os Comensais da Morte, tentam dar continuidade ao plano de seu mestre de destruir bruxos que não tenham sangue puro e tomar o poder no governo bruxo, o Ministério da Magia. O reino de terror de Voldemort é interrompido no momento que ele lança a maldição da morte em um bebê que estaria destinado a ser sua ruína: Harry Potter. A maldição falha, e Voldemort desaparece. Harry Potter cresce e vai para Hogwarts, onde fica claro que as Forças das Trevas estão se reunindo mais uma vez, aguardando o retorno de Lord Voldemort e preparando novas ameaças à vida de Harry.

LORD VOLDEMORT

Lord Voldemort — nascido Tom Servolo Riddle — é tão temido que os bruxos se referem a ele como Aquele-Que-Não-Deve-Ser-Nomeado (e, às vezes, apenas como Você-Sabe-Quem). Em sua busca por imortalidade, Lord Voldemort criou Horcruxes, fazendo uso das piores magias das trevas para selar partes de sua alma em objetos. Ele também tentou lançar a maldição da morte no bebê que estava destinado a derrotá-lo: Harry Potter.

Quando a maldição ricocheteou e voltou-se contra Voldemort, ele foi arrancado do próprio corpo e perdeu os poderes, tornando-se pouco mais que um fantasma. No entanto, ainda estava vivo. Para recuperar seu antigo corpo, Voldemort realizou um ritual em *Harry Potter e o Cálice de Fogo*. E então pudemos testemunhar o Lorde das Trevas no auge de sua forma maligna, interpretado por Ralph Fiennes.

Os produtores dos filmes queriam que a cabeça totalmente careca de Voldemort aparentasse ser quase transparente, com veias visíveis. Após muitos testes, a equipe de maquiagem encontrou a melhor forma de alcançar esse efeito, aplicando tatuagens temporárias na cabeça de Ralph Fiennes todos os dias. O ator também usou dentes falsos sem cor e garras sujas em seus pés. “Não parecia certo que ele usasse sapatos”, explica Fiennes. “Ele tinha acabado de sair de um caldeirão!” Para fazer com que o nariz de Voldemort lembrasse o de uma cobra, os artistas de efeitos visuais removeram digitalmente o nariz de Ralph e trocaram por um liso e com fendas. Ele usava vestes finas e flutuantes feitas de seda, como uma segunda pele. À medida que Voldemort ficava mais forte, mais camadas de tecido eram acrescentadas. Para o duelo contra Dumbledore no Ministério da Magia, em *Harry Potter e a Ordem da Fênix*, Ralph Fiennes vestia mais de 50 metros de seda.

TOM RIDDLE

Três atores interpretaram o jovem Voldemort. Christian Coulson encarnou um Tom Riddle adolescente em *Harry Potter e a Câmara Secreta*, enquanto Hero Fiennes-Tiffin (sobrinho de Ralph Fiennes) fez uma versão ainda mais jovem do vilão em *Harry Potter e o Enigma do Príncipe*. No mesmo filme, Frank Dillane foi o escalado para o papel de Voldemort adolescente. Ele precisou usar uma peruca morena e lentes de contato azuis para combinar com os olhos de Ralph Fiennes.

Mais de seiscentas vestes de Comensais da Morte foram confeccionadas para *Harry Potter e as Relíquias da Morte — Parte 2.*

COMENSAIS DA MORTE

Os Comensais da Morte, seguidores de Lord Voldemort, não veem problema em praticar Artes das Trevas. Em *Harry Potter e o Cálice de Fogo*, Comensais invadem a Copa Mundial de Quadribol usando vestes lisas, capuzes pontudos e máscaras em forma de caveira que cobrem metade do rosto. As máscaras foram removidas digitalmente para a cena em que Voldemort convoca seus discípulos mais próximos para o cemitério de Little Hangleton, no jazigo da família Riddle. Para *Harry Potter e a Ordem da Fênix*, o artista conceitual Rob Bliss achou que os Comensais da Morte seriam ainda mais assustadores se as máscaras cobrissem completamente seus rostos, apenas com fendas para os olhos. Cada máscara foi confeccionada com design único. Os Comensais da Morte também ganharam coldres de varinha feitos de couro.

FENRIR GREYBACK

O lobisomem Fenrir Greyback, interpretado por Dave Legeno, não era um Comensal da Morte oficial, mas apoiava Voldemort ativamente. Para *Harry Potter e o Enigma do Príncipe*, o designer de maquiagem e efeitos de criaturas, Nick Dudman, achou que Greyback deveria se parecer como alguém que estivesse no meio da transformação de homem para lobo. Para *Harry Potter e as Relíquias da Morte - Parte 2*, Greyback usou uma pele mais grossa a fim de parecer mais "lupino".

BELATRIZ LESTRANGE

Belatriz Lestrange é possivelmente a seguidora mais leal de Lord Voldemort. Por seus crimes contra outros bruxos, em especial pelo uso da Maldição Cruciatus nos pais de Neville Longbottom, ela foi condenada à prisão em Azkaban, mas escapou e se reuniu ao Lorde das Trevas na Segunda Guerra Bruxa. Durante a batalha no Departamento de Mistérios, ela mata seu primo, Sirius Black, e na Batalha de Hogwarts ataca Gina Weasley antes de ser morta pela mãe da garota, Molly.

A atriz Helena Bonham Carter acredita que Belatriz tenha sido atraente no passado, mas após 14 anos em Azkaban, ela "entrou em decadência". Em *Harry Potter e a Ordem da Fênix*, Belatriz tem dentes apodrecidos, bochechas encovadas e longas unhas deformadas. Seu vestido é rasgado e esfarrapado. A varinha e as joias que usa sugerem as garras e o crânio de uma ave de rapina. Belatriz fica um pouco menos suja para *Harry Potter e o Enigma do Príncipe*, "apesar de eu realmente preferir a versão horrorosa", admite Helena.

A FAMÍLIA MALFOY

Lúcio Malfoy e sua esposa, Narcisa (irmã de Belatriz Lestrange), são os líderes dessa rica família de bruxos de sangue-puro, que tem apoiado Lord Voldemort desde a Primeira Guerra Bruxa. Seu filho, Draco, é colega e rival de Harry Potter em Hogwarts.

LÚCIO E NARCISA MALFOY

O ator Jason Isaacs (Lúcio) usava uma peruca longa e esvoaçante. Ele explica que, para conseguir mantê-la reta, "eu precisava inclinar minha cabeça para trás, o que significa que eu parecia estar sempre olhando para alguém com desprezo". Helen McCrory (Narcisa) também ganhou um penteado bastante singular, que combinava as cores do cabelo de sua irmã (castanho) e de seu marido (loiro).

DRACO MALFOY

Durante a Batalha de Hogwarts, em *Harry Potter e as Relíquias da Morte - Parte 2*, Draco atravessa o campo de batalha para se juntar a sua família, ao lado de Voldemort. Tom Felton (Draco) e Ralph Fiennes (Voldemort) filmaram inúmeras versões dessa cena, incluindo a final, na qual Voldemort abraça Draco. A expressão de choque e desconforto no rosto de Tom é real — ele não sabia que Ralph faria aquilo.

MAGIA DAS TREVAS

AS MALDIÇÕES IMPERDOÁVEIS

Existem três maldições proibidas pelo Ministério da Magia, porque são simplesmente... imperdoáveis. A punição para um bruxo que lançar qualquer um desses feitiços é prisão perpétua em Azkaban. Com vocês, as Maldições Imperdoáveis.

IMPERIO

A maldição Imperius obriga a vítima a fazer qualquer coisa ordenada pelo bruxo que a lançou. Harry Potter realizou essa maldição em Bogrod, o duende, em Gringotes, para ter acesso ao cofre de Belatriz Lestrange em *Harry Potter e as Relíquias da Morte - Parte 2.*

CRUCIO

A maldição Cruciatus também é conhecida como maldição da tortura. A vítima experimenta uma dor tão terrível que pode chegar ao ponto de enlouquecer. Em *Harry Potter e o Cálice de Fogo*, Neville Longbottom confidencia a Harry que Belatriz Lestrange e outros Comensais da Morte usaram a maldição Cruciatus em seus pais.

AVADA KEDAVRA

Avada Kedavra é chamada de maldição da morte porque mata instantaneamente. Apenas uma pessoa sobreviveu a essa maldição: Harry Potter. Ele foi protegido pelo amor e sacrifício de sua mãe, como descobrimos em *Harry Potter e a Pedra Filosofal.*

HORCRUXES

Uma Horcrux é um objeto ou ser vivo em que um bruxo guarda parte de sua alma com o objetivo de continuar vivo, mesmo que seu corpo tenha sido destruído. Esta é, certamente, a magia das trevas mais maligna que existe, porque Horcruxes só podem ser criadas por meio de assassinatos. Voldemort criou sete Horcruxes, e cabe a Harry Potter encontrar e destruir todas elas. Só assim poderá derrotar o Lorde das Trevas. Por sorte, antes mesmo de saber o que são Horcruxes, o garoto destrói a primeira, em *Harry Potter e a Câmara Secreta*. A segunda Horcrux é aniquilada por Dumbledore, o que custou sua vida, em *Harry Potter e o Enigma do Príncipe*. Esses artefatos tão únicos foram criados para os filmes numa parceria entre o departamento de adereços, o departamento gráfico e o de efeitos visuais.

O DIÁRIO DE TOM RIDDLE

Harry perfura o diário de Tom Riddle com a presa do basilisco em *Harry Potter e a Câmara Secreta*. O diário parecia estar "sangrando", um efeito técnico obtido usando um tubo escondido no livro, que jorrava líquido preto.

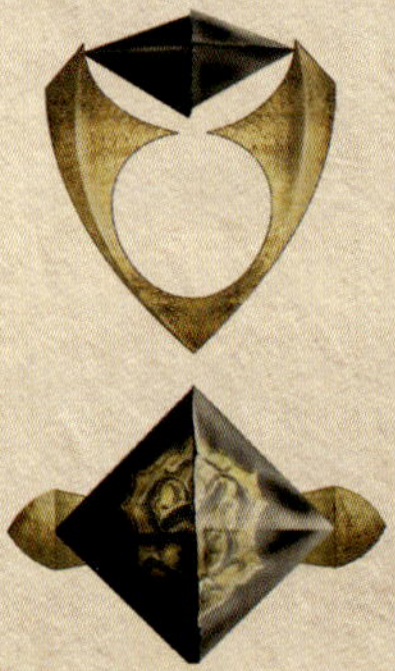

O ANEL DE SERVOLO GAUNT

Esta Horcrux, um anel da família de Voldemort, é destruída por Alvo Dumbledore em *Harry Potter e o Enigma do Príncipe*. O anel tem o design de duas cabeças de cobra sustentando uma pedra, em referência ao dono, Salazar Slytherin.

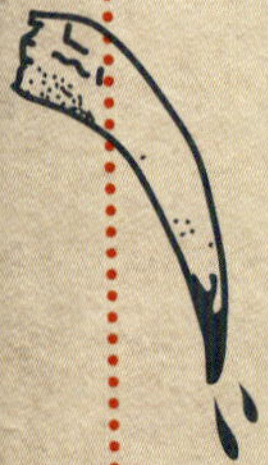

O MEDALHÃO DE SALAZAR SLYTHERIN

O medalhão que Harry e o Professor Dumbledore encontram em *Harry Potter e o Enigma do Príncipe* acaba se revelando uma falsa Horcrux. A verdadeira é encontrada em *Harry Potter e as Relíquias da Morte - Parte 1*. Ambos os medalhões foram decorados com símbolos astrológicos e pedraria verde, formando a letra S. Em mais uma homenagem a Slytherin, o fecho do medalhão verdadeiro tem uma pequena cobra mordendo o próprio corpo. Esta Horcrux é destruída por Rony Weasley, com a espada de Gryffindor.

A TAÇA DE HELGA HUFFLEPUFF

A taça de Hufflepuff é encontrada em *Harry Potter e as Relíquias da Morte - Parte 2*. Ela estava escondida no cofre de Belatriz Lestrange, em Gringotes, onde um feitiço faz com que tudo no cofre, ao ser tocado, se multiplique. Os criadores de adereços fizeram milhares de réplicas de borracha que Harry, Rony e Hermione tinham que transpor. Esta Horcrux é destruída por Hermione, com uma presa de basilisco encontrada na Câmara Secreta.

O DIADEMA DE ROWENA RAVENCLAW

O design do diadema de Ravenclaw contém elementos icônicos da casa fundada por Rowena. Marcada com o lema da Corvinal, o diadema de prata (que é como uma tiara), com pedras brancas e azuis, tem o formato de uma águia. Em *Harry Potter e as Relíquias da Morte - Parte 2*, Harry destrói o diadema, golpeando-o com uma presa de basilisco. Então Rony chuta a Horcrux na direção do Fogomaldito que se alastra pela Sala Precisa.

NAGINI

Nagini é a única Horcrux dos filmes que foi completamente criada por computação gráfica. Sua primeira forma era uma combinação da píton com a anaconda. Para *Harry Potter e as Relíquias da Morte - Partes 1* e *2*, movimentos de víbora foram acrescentados, para que ela ficasse ainda mais sinistra. Neville Longbottom mata Nagini durante a Batalha de Hogwarts, usando a espada de Gryffindor.

HARRY POTTER

A cicatriz em forma de raio na testa de Harry Potter representa o ricochete da maldição da morte de Voldemort, que acidentalmente criou uma Horcrux. A parte da alma do vilão que vivia em Harry é destruída quando o Lorde das Trevas lança a maldição da morte no garoto mais uma vez, em *Harry Potter e as Relíquias da Morte - Parte 2*.

ARTEFATOS DAS TREVAS

A MARCA NEGRA

A Marca Negra — o vislumbre de uma caveira com uma serpente saindo de sua boca — é o símbolo da lealdade ao Lorde das Trevas que os Comensais da Morte trazem marcado em seus braços. A figura também é utilizada como uma forma de comunicação mágica entre Voldemort e seus seguidores: quando o Lorde das Trevas toca a marca de qualquer Comensal, seus outros seguidores são convocados.

A Marca Negra também pode ser conjurada no céu, por meio do feitiço *Morsmordre*, como vimos em *Harry Potter e o Cálice de Fogo* e em *Harry Potter e o Enigma do Príncipe*.

A loja de Fred e Jorge, Gemialidades Weasley, vende uma versão comestível da Marca Negra.

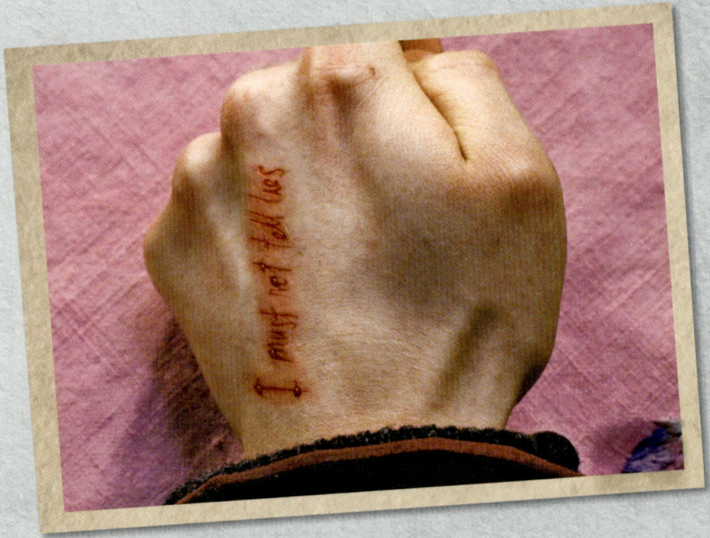

A PENA NEFASTA DA PROFESSORA UMBRIDGE

Em *Harry Potter e a Ordem da Fênix*, a professora de Defesa Contra as Artes das Trevas, Dolores Umbridge, põe Harry em detenção. Como castigo, o garoto é forçado a escrever "Não devo contar mentiras" num pergaminho. Umbridge separa uma pena muito especial para que ele realize a tarefa: ela usa o sangue de quem a está empunhando como tinta. As palavras também ficam cravadas nas costas da mão de quem escreve. Ainda bem que tudo isso foi feito por meio de efeitos visuais.

O COLAR DE OPALAS DE KATIE BELL

Quando Katie Bell, uma das garotas do time de Quadribol da Grifinória, toca um colar de opalas amaldiçoado, em *Harry Potter e o Enigma do Príncipe*, ela é erguida no ar, agonizando em dor. Mas uma atriz não pode ficar suspensa no ar por dez horas de filmagem, dias a fio. Então um boneco da atriz Georgina Leonidas feito sob medida — de um material chamado poliuretano —, pintado e finalizado com cílios, sobrancelhas e uma farta cabeleira entrou em cena.

OS ARMÁRIOS SUMIDOUROS

Um Armário Sumidouro permite que qualquer objeto ou ser vivo o atravesse e chegue ao local em que seu par se encontra. Em *Harry Potter e o Enigma do Príncipe*, Draco Malfoy, o mais novo Comensal da Morte, recebe a missão de garantir que o Armário Sumidouro escondido na Sala Precisa funcione, para que outros Comensais cheguem a Hogwarts, atravessando seu par na Borgin & Burkes, loja que fica na Travessa do Tranco. O diretor de arte Stuart Craig sabia que o tamanho, a simplicidade e a aparência maligna do armário chamariam muita atenção numa sala abarrotada de artefatos.

O BASILISCO

O basilisco solto em *Harry Potter e a Câmara Secreta* foi aprisionado na Câmara aproximadamente mil anos antes, por Salazar Slytherin, um dos fundadores de Hogwarts. Ele almejava eliminar os alunos nascidos trouxas da escola. Encarar o monstro diretamente nos olhos resulta em morte certa, e apenas um olhar de relance, ou refletido num espelho, pelas lentes de uma câmera ou até mesmo através de um fantasma, pode fazer com que a vítima fique petrificada — uma condição que só pode ser curada por meio da poção restauradora feita com raiz de mandrágoras. O basilisco também tem presas afiadas e venenosas.

Os produtores inicialmente pensaram que o basilisco poderia ser criado usando efeitos visuais, mas posteriormente concluíram que seria melhor se Daniel Radcliffe (Harry Potter) pudesse lutar com uma serpente mecânica. Então o departamento de criação de criaturas construiu um modelo com mais de 12 metros, cujos olhos, narinas e boca se moviam, e cujas presas se retraíam para que a boca pudesse fechar.

A CÂMARA SECRETA

O diretor de arte Stuart Craig levou a equipe numa pesquisa de campo pelos esgotos de Londres, a fim de que todos se inspirassem para a criação da Câmara Secreta. Foi um dos maiores sets construídos para os filmes: mais de 76 metros de comprimento e quase 40 de largura. Ele também deveria ser muito fundo, mas tinha pouco mais de 8 metros de altura. Por isso, os produtores esculpiram o rosto de Salazar Slytherin no set e o mergulharam em água tingida de preto para que nada no fundo pudesse ser visto.

DEMENTADORES

São criaturas das trevas que guardam a prisão de Azkaban. Foram vistos pela primeira vez em *Harry Potter e o Prisioneiro de Azkaban*, quando alguns foram mandados a Hogwarts pelo Ministério da Magia a fim de proteger os estudantes de Sirius Black. Quando o Ministério é dominado por Voldemort, em *Relíquias da Morte - Parte 1*, eles são recrutados pelos bruxos das trevas para atacar os heróis de Hogwarts. Os Dementadores se alimentam das emoções felizes, drenando esses sentimentos das vítimas. Podem sugar a alma de uma pessoa com seu "beijo" mortal.

Como são criaturas espectrais que deslizam pelo ar, o artista conceitual Rob Bliss desenhou primeiramente um corpo esquelético coberto por vestes pretas. Foram necessários alguns testes para chegar ao movimento perfeito das criaturas — modelos de Dementador eram filmados com efeitos de luz e vento, e então a filmagem era reproduzida de trás pra frente. Mas isso não se encaixou com a ideia dos produtores. Então outras tomadas foram feitas, dessa vez debaixo d'água, com um resultado melhor, mas que não poderia ser refilmado. No fim, acabaram criados por computação, mas todos os testes contribuíram para que a versão final tivesse uma aparência arrepiante.

INFERI

Os Inferi são cadáveres enfeitiçados para se tornar mortos-vivos. Lord Voldemort criou um grande exército de Inferi para guardar a Caverna de Cristal, onde ele escondeu uma de suas Horcruxes — o Medalhão de Slytherin, visto em *Harry Potter e o Enigma do Príncipe*. Apesar de serem usados para propósitos malignos, os Inferi são, na verdade, vítimas. Por isso, precisavam parecer amedrontadores, mas também sofridos.

Modelos em tamanho real de Inferius macho e fêmea foram esculpidos, depois digitalizados e tingidos de preto e cinza. Os artistas digitais acrescentaram à pele dos Inferi uma textura especial, para que parecesse que ela um dia foi preenchida por carne. Para que os movimentos dos seres fossem realistas, atores e atrizes foram filmados por captura de movimento enquanto rastejavam para fora do lago, na caverna. Daniel Radcliffe também foi filmado num grande tanque, para que seu cabelo e suas roupas se movessem de forma natural quando ele é arrastado para a água pelos Inferi.

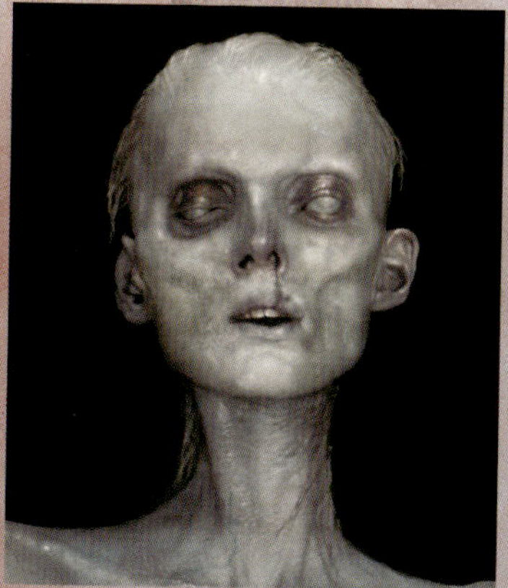

DEFESA CONTRA AS ARTES DAS TREVAS

O currículo dos alunos de Hogwarts contempla Defesa Contra as Artes das Trevas, aula na qual estudam criaturas, feitiços das trevas e maldições, e aprendem a se proteger das Forças das Trevas. A sala de aula de Defesa Contra as Artes das Trevas foi criada num espaço parecido com um sótão, apesar de ser iluminada por todas as janelas. Trinta e seis alunos sentavam em carteiras-duplas que tiveram que ser refeitas ao longo dos anos, à medida que os atores cresciam.

A cada ano havia um novo professor de Defesa Contra as Artes das Trevas, então a sala era planejada a cada filme para refletir a personalidade do atual professor. Em *Harry Potter e a Câmara Secreta*, o Professor Lockhart era muito vaidoso, então a sala foi revestida com retratos e pinturas dele mesmo. Já a sala do Professor Lupin, em *Harry Potter e o Prisioneiro de Azkaban*, era decorada com objetos comuns que os criadores de adereços imaginaram ter sido coletados pelo professor em suas viagens. Em *Harry Potter e o Cálice de Fogo*, a decoração do Professor Moody era toda inspirada em seu "olho-tonto" — a sala foi preenchida com grandes lentes óticas. Dolores Umbridge, por sua vez, não ensinava nenhuma magia defensiva enquanto professora, em *Harry Potter e a Ordem da Fênix*, então a cenógrafa Stephenie McMillan simplesmente deixou a sala vazia!

DEFESA CONTRA AS ARTES DAS TREVAS
OS MESTRES

Alguns professores praticavam as Artes das Trevas, enquanto outros lutavam contra elas. O desafio era sempre descobrir qual das duas coisas cada um fazia.

QUIRINO QUIRRELL

Harry Potter e a Pedra Filosofal

O professor de Defesa Contra as Artes das Trevas no primeiro ano de Harry em Hogwarts escondia um segredo maligno. Interpretado por Ian Hart, o Professor Quirrell precisava de algo único para disfarçar o fato de que ele dividia o próprio corpo com Lord Voldemort. A figurinista Judianna Makovsky escolheu um turbante de estilo renascentista dobrado de forma mais folgada.

GILDEROY LOCKHART

Harry Potter e a Câmara Secreta

Dentre os livros do professor de Harry para Defesa Contra as Artes das Trevas no segundo ano estão *Excursões com Vampiros* e *Viagens com Trasgos*. Mas na verdade essas histórias foram roubadas, e as habilidades mágicas do Professor Lockhart eram bem escassas (com exceção dos Feitiços de Memória). O ator Kenneth Branagh usava falsos dentes brancos e brilhantes, e vestes de aparência opulenta, em dourado e azul-acinzentado, para dar a sensação de que o personagem tinha estilo.

REMO LUPIN

Harry Potter e o Prisioneiro de Azkaban

Remo Lupin é outro professor que guarda um segredo: ele é um lobisomem. Os produtores enxergavam essa condição como uma referência a doenças, então Lupin sempre parecia magro e cheio de cicatrizes, com vestes gastas, em vez de peludo e poderoso. Alguns acessórios, como lentes de contato e dentes falsos foram usados durante a transformação do ator David Thewlis, mas sua forma final de lobisomem foi gerada por computador.

DOLORES UMBRIDGE

Harry Potter e a Ordem da Fênix

A professora de Defesa Contra as Artes das Trevas do quinto ano de Harry não tinha grandes segredos. Estava em missão para o Ministério da Magia, à medida que o governo mágico perdia o controle sobre as Forças das Trevas. A atriz Imelda Staunton queria que Umbridge andasse como um robô, e pediu vestidos com mais enchimento na frente e atrás. Para dar contraste à personalidade durona, seus vestidos cor-de-rosa foram criados com tecidos fofos e macios; no começo, eram mais suaves e em tons leves, e foram ficando mais escuros e ásperos à medida que a verdadeira face da bruxa se revelava.

ALASTOR "OLHO-TONTO" MOODY

Harry Potter e o Cálice de Fogo

O quarto professor de Defesa Contra as Artes das Trevas de Harry, Alastor Moody, é um Auror (captor de bruxos das trevas) aposentado que perdeu algumas partes do corpo em batalhas. O olho radiocontrolado usado pelo ator Brendan Gleeson era ligado a fios escondidos debaixo da intrincada prótese e da peruca, criada com abas separadas que podiam ser abertas, caso algo no olho mecânico precisasse ser consertado. Moody também tinha um segredo: ele não era o verdadeiro Olho-Tonto! O farsante era, na verdade, Bartô Crouch Jr., um Comensal da Morte que tomou o lugar de Moody usando Poção Polissuco.

SEVERO SNAPE

Um mistério que marcou todos os filmes de Harry Potter foi se o professor de Poções, Severo Snape (Alan Rickman) era leal a Alvo Dumbledore e a Hogwarts ou a Voldemort. Snape parece tão maligno quanto suas vestes escuras — na verdade, de um azul-marinho que parecia preto diante das câmeras.

A longa cauda de suas vestes faz referência ao pertencimento à Sonserina — é dividida no meio, como a língua bifurcada das cobras. Quando as filmagens começaram, Alan foi a única pessoa a quem J. K. Rowling contou sobre os verdadeiros sentimentos de Snape por Harry Potter e pela mãe do garoto, Lílian. Mas ele não contou a ninguém até que o último filme fosse lançado.

EXPECTO PATRONUM

Harry Potter ensina feitiços avançados aos colegas, dentre eles *Estupefaça*, *Expelliarmus*, *Reducto* e *Expecto Patronum*, feitiço que ele usa contra os Dementadores. Os Patronos dos alunos foram elaborados com efeitos especiais, e cada um foi criado com diferentes texturas e densidades. O Patrono de Rony Weasley, um cachorro brincalhão, "derruba" Neville Longbottom num efeito visual.

A SALA PRECISA

Os membros da AD praticam na Sala Precisa, que, como Hermione diz, "está sempre equipada com o que mais se precisa". A sala também acabou se transformando de acordo com as necessidades da produção. Em *Harry Potter e o Cálice de Fogo*, foi transformada na Sala de Troféus. Em *Harry Potter e o Enigma do Príncipe*, ficou abarrotada com todo tipo de objetos, escondidos junto ao Armário Sumidouro usado por Draco Malfoy para levar os Comensais da Morte a Hogwarts.

ANIMAIS FANTÁSTICOS E ONDE HABITAM™

O ano é 1926, e, de acordo com o diretor David Yates, a cidade de Nova York é como "uma garrafa de champanhe sendo sacudida: é efervescente, é viva, é eletrizante!". Mas por trás desse cenário feliz, forças sombrias estão sacudindo a comunidade bruxa de uma forma diferente. O Estatuto do Sigilo, uma lei implementada na América do Norte após os Julgamentos das Bruxas de Salem, estabelece que bruxos devem viver de forma totalmente independente da comunidade Não-Maj (pessoas não mágicas), além de evitar qualquer exposição da magia. Quando Newt Scamander, um bruxo britânico, chega à cidade, ele ignora o Estatuto. Então, quando as criaturas mágicas que ele coletou como magizoologista escapam, ele precisa correr pela cidade para recuperá-las, antes que o mundo bruxo seja exposto. Enquanto isso, uma misteriosa entidade não identificada está destruindo partes inteiras de Nova York; uma caçada de proporções mundiais pelo bruxo das trevas Gerardo Grindelwald, que escapou da Europa, está em curso; e uma organização fanática espalha suas reivindicações antibruxos com muito alarde. É a cooperação entre Newt, as irmãs Tina e Queenie Goldstein e seu novo amigo, o Não-Maj Jacob Kowalski, que pode ajudá-los a enfrentar esses desafios.

CONGRESSO MÁGICO DOS ESTADOS UNIDOS DA AMÉRICA

O Congresso Mágico dos Estados Unidos da América (MACUSA) é a versão norte-americana do Ministério da Magia. O MACUSA inspeciona o relacionamento entre Não-Majs e bruxos — uma tarefa crucial, já que a comunidade mágica ameaça ser exposta por uma criatura desconhecida que está destruindo parte de Nova York.

A sede do MACUSA fica no Woolworth Building, que era o maior edifício do mundo em 1926. No saguão principal do MACUSA, há um memorial dos Julgamentos das Bruxas de Salém, em 1692. Esses acontecimentos definiram toda a relação entre os bruxos americanos e os Não-Maj.

Os aurores do MACUSA têm a missão de investigar crimes relacionados a Magia Negra.

SELETOR DE NÍVEL DE AMEAÇA À EXPOSIÇÃO À MAGIA

Pendurado no alto do saguão principal do MACUSA, este é um dispositivo com quatro faces, cada uma com quase dois metros de largura, que mostram os atuais níveis de ameaça à exposição dos bruxos. Também registra as ocorrências de caça às bruxas, feitiços de memória e magias feitas na frente de Não-Majs. Para criar o Seletor, os designers gráficos buscaram referências em relógios nas torres de prefeituras e estações de trem de diversos períodos. Então se uniram ao departamento de adereços para criar as faces e os ponteiros do artefato.

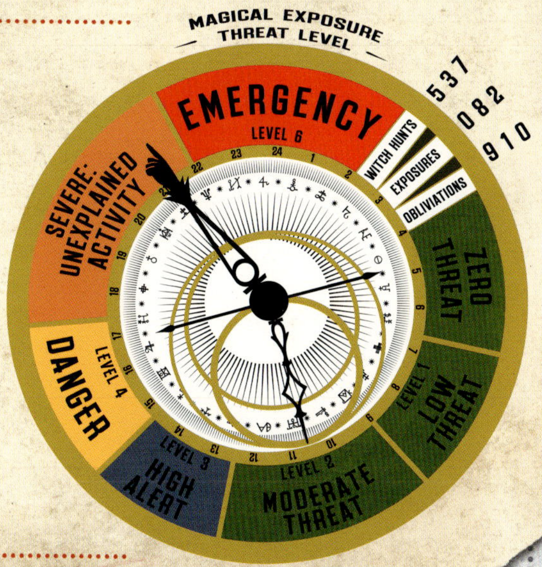

A SALA DE INTERROGATÓRIO E A CELA DA MORTE

Newt Scamander e Tina Goldstein são levados para a Sala de Interrogatório, nos andares mais baixos do MACUSA, para responder perguntas sobre as criaturas que escaparam da maleta. Depois, os dois são levados para a Cela da Morte, onde devem ser executados. Lá, uma cadeira é erguida magicamente sobre uma piscina contendo uma poção mortal. Quando Tina é colocada na cadeira, suas memórias felizes são jogadas na piscina por seus carrascos, para que a façam querer pular.

NOVAS AMEAÇAS

PERCIVAL GRAVES

Percival Graves é o Diretor de Segurança Mágica do MACUSA. "Ele está lá para investigar, controlar e conter qualquer um que possa estar utilizando Artes das Trevas", revela o ator Colin Farrell. Graves consulta um mapa que mostra os feitiços malignos sendo lançados nos Estados Unidos em tempo real, uma ferramenta muito útil para monitorar a magia. Mas a preocupação de Graves com o Estatuto do Sigilo acaba se mostrando um plano maligno quando ele é desmascarado e se revela, na verdade, o bruxo das trevas Gerardo Grindelwald!

Percival Graves

SOCIEDADE FILANTRÓPICA NOVA SALEM

O maior objetivo da Sociedade Filantrópica Nova Salem (SFNS), liderada por Mary Lou Barebone, é expor bruxas e bruxos ao mundo e informar à população que a magia existe. Na verdade, os membros dessa sociedade se denominam “Segundos Salemianos”, em alusão aos que perseguiram as bruxas norte-americanas nos anos de 1600. Mary Lou explora crianças de rua famintas, que entregam panfletos sobre os Segundos Salemianos em troca de refeições.

Tina Goldstein está interessada em investigar as atividades da Sociedade Filantrópica Nova Salem, e é em um dos comícios da SFNS que ela vê Newt Scamander pela primeira vez. Newt também desperta o interesse da bruxa. Ele ainda não sabe, mas Tina já seguia Mary Lou Barebone. Foi a interferência de Tina nas punições de Mary Lou a Credence que fez com que ela fosse rebaixada de seu cargo de auror no MACUSA.

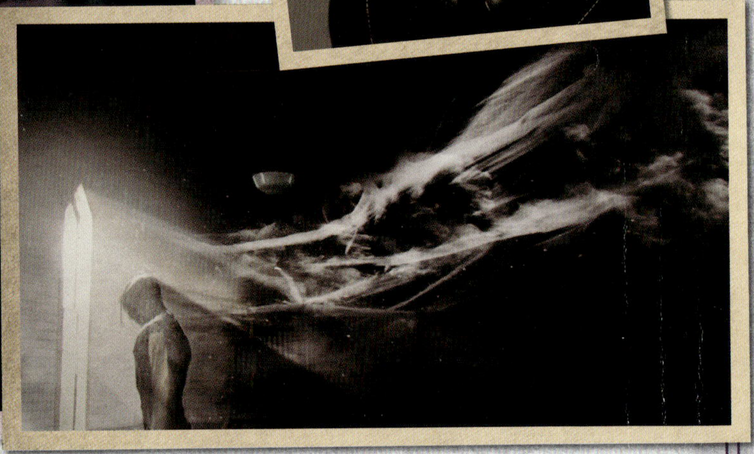

CREDENCE BAREBONE

Como sua mãe adotiva comanda uma organização radical de caça às bruxas, Credence esconde suas habilidades mágicas. Por isso, ele nunca aprendeu a controlar seus poderes e acabou desenvolvendo um Obscurus: uma Força das Trevas instável e sem controle, que se incuba na criança que suprime sua magia. "Todos nós acabamos sofrendo por conta de algum trauma", diz o ator Ezra Miller, "e conhecemos pessoas que sofrem de formas mais profundas e severas. É muito raro que algo exista num mundo de fantasia e realmente aborde questões dolorosas e delicadas. E, para mim, a oportunidade de trazer essa questão à tona sob uma perspectiva mágica, e ao mesmo tempo humana, é um presente incrível. Acredito que não dá para fugir de quem você realmente é. Bem, até dá, mas, quando isso te alcança, as consequências são muito drásticas".